FACULTÉ DE DROIT DE PARIS.

THÈSE
POUR LA LICENCE.

L'ACTE PUBLIC SUR LES MATIÈRES CI-APRÈS SERA SOUTENU

Le samedi 19 juillet 1852, à 9 heures,

Par Antoine-Gustave **BRUXELLE**,

Né à Rethel (Ardennes).

Président : M. DURANTON, professeur.

Suffragants :
- MM. DEMANTE,
- OUDOT, } Professeurs.
- DUVERGER,
- COLMET DE SANTERRE, } Suppléants.

Le Candidat répondra en outre aux questions qui lui seront faites sur les autres matières de l'enseignement.

PARIS,
IMPRIMÉ PAR E. THUNOT ET Cie,
RUE RACINE, 26, PRÈS DE L'ODÉON.

1852

A MA MÈRE.

JUS ROMANUM.

DE RE JUDICATA, DE EFFECTU SENTENTIARUM ET DE INTERLOCUTIONIBUS.

(Dig., lib. XLII, tit. I.)

Modestinus ita definit quid sit res judicata : « Res judicata dicitur
» quæ finem controversiarum pronuntiatione judicis accipit : quod vel
» condemnatione vel absolutione contingit » (L. 1). Pronuntiatio autem
judicis dicitur SENTENTIA.

Hanc materiam in sex sectionibus, auctore Pothier, dividemus : in prima, videbimus quæ et quorum judicum sententiæ rem judicatam faciant; in secunda, quæ sit rei judicatæ natura; in tertia, quam obligationem et actionem pariat res judicata; in quarta, quæ sint et executio sententiarum et pignora judicialia; in quinta, quæ beneficia judicatis competant; in sexta, denique, quomodo solvatur obligatio judicati.

SECTIO PRIMA.

DE SENTENTIIS JUSTIS ET REM JUDICATAM FACIENTIBUS.

Justa sententia hæc est quæ omnes conditiones et qualitates tam formæ ipsius quam personarum judicantis et litigantium legibus aut jure quæsitas continet. Sententiæ præterea sunt aut *interlocutoriæ*, id est, ad litis ordinationem spectantes, aut *definitivæ* : ad ipsam litis transactionem pertinentes.

§ 1. — *De forma sententiarum.*

Omnis sententia, sive definitiva, sive interlocutoria, rem certam vel quantitatem continere debet, aut certæ delimitationis rationes et elementa, aut tandem ad aliquid certi relationem, scilicet ad certam intentionem, ut hæ sententiæ : QUOD HABES EX TESTAMENTO VEL EX CODICILLIS MÆVII RESTITUAS (L. 5, § 1); SOLVE QUOD *vel* QUANTUM PETITUM EST (L. 59, § 1). Hæc forma tam ad sortis quàm ad usurarum condemnationes pertinet. Sic non recte pronuntiat judex : USURAS SI QUÆ COMPETANT *vel* QUÆ COMPETUNT SOLVE (L. 59, § 2). Leges (aut, quæ legum vicem obtinent, constitutiones et aliæ juris partes) perfringere sententia non debet, nam ex ipsa consonantia cum jure auctoritatem suam depromit : ideo neutiquam ex hac sententia damnatum appellare necesse est.

Legum aut constitutionum impugnatio est cùm de jure ipsarum (quodammodo de jure *juris*) et non de jure litigatoris pronuntiatur, et tunc contra constitutiones judicari dicitur. Igitur hæc sententia : POTUIT DEFUNCTUS ETIAM MINOR QUATUORDECIM ANNIS TESTAMENTUM FACERE nullas vires habet, quia contra manifestissimum jus pronuntiatur; ex diverso autem hæc : DEFUNCTUS, IMPLETO QUARTODECIMO ANNO, TESTAMENTUM FACERE POTUIT valet utpote de jure litigatoris pronuntians.

Quod si prolatas constitutiones judex causam de qua apud se agitur juvare non existimet, contra has constitutiones judicasse non videtur : idcirco nisi intra statutum tempus appellatum sit, res judicata stabit (L. 32).

Si judex in usuras usurarum condemnationem expressit, contra leges et constitutiones statuit, ideo supervacua est ab hac sententia appellatio; ex diverso, si certam summam usuras easdem usurarum continentem pronuntiavit, nisi opportune appellatum sit judicati actio locum habebit (L. 27).

Definitiva sententia non est justa, nisi condemnationem vel absolutionem contineat : ideo non valet quæ tantum jusjurandum præstari præcipit non addens quid fiet ex recusatione hujus jurisjurandi. Eadem ratione supervacua est sententia suadens partes pascisci debere.

Cæterum, quum judex pronuntiat, nihil interest utrum his an illis verbis (nempe SOLVI aut PRÆSTARI) utatur (L. 59, pr.).

Item nulla est sententia non ex scriptis recitata, aut scripta sine recitatione.

Demum prætoris decreta latine interponi debent (L. 48), judices vero tàm græcâ quàm latinâ linguâ sententias proferre possunt.

§ 2. — *De judicantis et ligantium qualitate.*

Is tantum judicare potest, id est, rem judicatam facere, qui jurisdictionem vel notionem habet, scilicet ut magistratus populi Romani, aut qui a Principe potestatem accepit, aut a magistratu datus est, aut ex compromisso litigantium sumptus est, aut tandem aliqua lege confirmatur. Hæc omnia, « ne quemquam litigatorum sententia non a » suo judice dicta constringat. » Igitur militaris judex de civili actione cognoscere non potest et a sententia ejus provocare supervacuum est.

Judex autem competens delegationis suæ fines excedere non debet et quod amplius fecit ratum non est; cæterum « qui damnare potest, is absolvendi quoque potestatem habet » (L. 3).

Omnes judicare jussi, judicare debent : ideo ex tribus datis judicibus, unius absentia, alteris etiam consentientibus, justam esse sententiam vetat (L. 39). Cæterum, omnibus præsentibus, etsi unus dissentiat, omnes judicare intelliguntur et plurium sententia obtinet (L. 36 et 37).

Si vero ex æquo opiniones separentur, in liberalibus causis, favor libertatis obtinet, in cæteris pro reo res transigitur (L. 38); in querelis autem inofficiositatis dissentientibus sententiis, secundum testamentum et defuncti voluntatem pronuntiatur. Hæc ita si centumviri aut recuperatores cognoscant, si autem pedanei judices dentur, his dissentientibus, magistratus qui eos dedit, alterutrius sententiam confirmabit (L. 28). Denique, si in diversas summas condemnent, minima præstanda est (L. 38, § 1).

Quod autem ad litigantes spectat, ante omnia opportet recitatæ sententiæ tempore damnatum vivere.

Quinimo si quis ex edicto peremptorio post mortem damnatus

fuit, æque sententia non valet, cum morte rei edictum peremptorium solvatur (L. 59, § ult.).

Si autem minor XXV annis damnetur, defendi debuit per officium sive tutoris, sive curatoris (L. 45, § 2). Idem est de furioso (L. 9) et sine dubio, de prodigo.

Cæterum nulla causa, nisi præsentibus aut vocatis omnibus quos causa contingit transigi sententiâ potest (L. 47); tamen si, post litem contestatam, aliqui absint, dividi causa potest et separatim transigi.

§ 3. — *De sententiis interlocutoriis et definitivis.*

Quod Judex interloquendo statuit, melius consultus, contraria sententia emendare aut tollere potest, quia in eadem causa pergit esse judex; de sententiis autem quæ liti finem faciunt, id est, definitivis, contra est (L. 14), sive jure, sive perperam dictis (L. 55; L. 62).

Item, litigantibus consentientibus, omne quod actum est tollere et circumducere judici permittitur, nisi lis terminetur (L. 45).

Si autem aliquid deest definitivæ sententiæ, eadem die supplendum est (L. 42); denique quod ad verba ipsa sententiæ spectat posterius mutari possunt (L. 46).

SECTIO II.

DE NATURA REI JUDICATÆ.

Ne semper incerta essent civium jura, placuit rem judicatam pro veritate accipi. Igitur, sententia quæ liti finem affert, nisi ab ea intra tempus legitimum provocatum sit, immutabilis manet. Imo, si quæ alia adversus illam prolata fuerit sententia, ipso jure nulla est absque provocatione. Imo etiam damnatum adversus rem judicatam constitutiones adjuvare non possunt. Hoc tamen non vetat agitari questionem : AN RES JUDICATA SIT et judicem hujus causæ male pronuntiare rem judicatam non esse.

Error advocatorum, imo et judicum, causæ renovationi locum non præstat, nisi provocatio adhuc tempestiva sit. Idem est de errore supputationis. Supputationis tamen error corrigendus est quocumque tempore.

Contra autem, novorum instrumentorum recuperatio rem judicatam impugnare non debet (L. 35), nisi dolo malo adversarii subtracta sint. Diversum est si manifeste probetur ex falsis instrumentis circumventam fuisse judicantis religionem et ex his eum judicasse.

Dicendum est idem de falsis testimoniis ac de falsis instrumentis : ipso jure, nulla est sententia et ex integro cognoscendum est (L. 33). Denique sententia a judice corrupto lata sine provocatione infirmanda est (C. VII, 64 L. 7).

SECTIO III.

DE ACTIONE JUDICATI.

Actio judicati competit actori qui judicio vicit et rei damnationem justam et rite habitam obtinuit (L. 4, § 6).

Quum autem plures damnati sunt, neutiquam singuli in solidum tenentur, sed unusquisque pro virili sua parte (L. 43). Et hæc adeo ita sunt ut etiamsi ante sententiam rei promittendi in solidum tenerentur, post sententiam pro virili tantum portione teneantur actione judicati, nisi in solidum judex condemnationem expresserit (C. VII, 55, L. 1 et 2).

Actio judicati non semper ei aut in eum qui stetit in judicio datur. Sic actoris procurator actionem non habet nisi in rem suam datus fuerit; ex diverso, si procurator non se liti obtulit, in eum non actio datur; quod si in rem suam sit procurator, semper in eum datur actio judicati (L. 4). In utroque tamen casu, si actor malit litis dominum potius convenire quam procuratorem in rem suam, dicendum est ei licere.

Quando autem an quis se liti obtulit quæritur, dicendum est tutorem vel curatorem non in ea causa esse (L. 4, § 1).

Sed si forte procurator domino litis hæres extitisset, actione judicati recte teneretur; ex diverso, si hæres suus et necessarius abstinuit se ab hereditate paterna et hæc ad substitutum aut ad coheredes pervenerit, danda est in eos actio judicati (L. 44).

Summa est et generalis regula : « res inter alios judicatas, neque emolumentum afferre his qui judicio non interfuerunt neque præjudicium eis irrogare » : huic tamen nonnunquam regulæ derogatur : si enim creditor experiri patiatur debitorem suum de proprietate pignoris, item maritus socerum vel uxorem de re in dote data, vel possessor venditorem de re empta, sententia, inter alios data, eis scientibus præjudicat. Contra autem « si, ex duobus heredibus debitoris, alter condemnetur, alteri integra defensio est, etiamsi cum herede suo agi scierit ; » ratio differentiæ est quod hi coheredem suum quominus conveniatur, vel conveniat prohibere non possunt; illi autem quando scientes idem patiuntur, ratum habere quod judicatum erit censentur (L. 63).

Ex justa sententia damnatus pecuniam exsolvere debet et non sufficit quod ad satisdandum paratus sit, nam absurdum esset si tantum obligationes ex obligationibus nascerentur. Ex magna tamen et idonea causa, prætor satisdare tantum permittit (L. 4, § 3).

Cæterum judicati actio perpetua est et rei persecutionem continet; item heredi et in heredem competit (L. 6, § 3).

SECTIO IV.

DE EXECUTIONE REI JUDICATÆ ET DE PIGNORIBUS JUDICIALIBUS.

« In actione judicati id tantum requiritur, ait Pothier, an judicatum sit, et postquam judicatum esse magistratui compertum est, sententiam executioni mandat. »

Executionum autem modi quatuor sunt numero : 1° Manus militaris, quæ præsertim obtinet in actionibus arbitrariis, in quibus reus rem restituere jubetur; 2° Missio in possessionem bonorum debitoris latitantis; 3° Carcer publicus, qui nexum antiquum et privatam custodiam supplevit ; 4° Denique pignoris capio et distractio.

De duobus prioribus non est nobis tractandum ; pauca dicemus de carcere sed plura de pignoribus judicialibus.

Damnatum incarcerandi sine conditionibus et modis jus non est actori; si enim victum et stratum non præstet, pœnali quidem actione aut injuriarum tenetur (L. 34).

§ 1. — *Cujus auctoritate sententia executioni mandatur.*

Judices a magistratibus dati cognitionem solam habent et neutiquam sententiam suam exequi possunt; secus est de judicibus a principe datis. Multo minus sua auctoritate pignus capere et distrahere actor potest (L. 6, § 2). Sed magistratus Populi Romani judicum vel arbitrorum a se datorum sententias exequuntur (L. 15).

Aliquando tamen evenit ut alius magistratus quàm qui judicem dedit sententiæ executionem præstet : scilicet, quando aliquis damnatus fuit in provincia cum potuisset Romæ conveniri, tunc enim Romæ executio obtinet.

Denique quivis magistratus, jussu ejus qui judicem dedit, sententiam exequi potest (L. 15, § 1).

Cæterum ante causam cognitam et sententiam dictam nunquam pignora capi possunt (L. 58).

§ 2. — *Quæ et cujus res capi possunt.*

Omnes res, etiam nomen et credita damnati, capi possunt; sed tantum nomen confessum ab ipso debitore, porro judices qui exequuntur, aut nomen vendent aut exigent id quod debetur et in pecuniam convertent secundùm quod eis melius videbitur (L. 15, §§ 9 et 10).

Si autem res damnati alii creditori sit obligata aut pignori data, non potest ille creditor dimitti, nisi prior solvatur, superfluo tantum in causa judicati converso (L. 15, § 5),

Quædam tamen, et si damnati ipsius sint, res capi non possunt, scilicet servi aratores et boves aratorii et quæcunque tam agriculturæ necessaria ut tributorum exsolutio ex eorum capione retardetur.

Si autem de proprietate rerum pignoris jure captarum controversia moveatur, judex qui rem judicatam exequitur, summatim de hac controversia cognoscet, sed quoad capionem tantum interest, salvo aliàs et integro jure damnati manente : cæterum si extent res aliæ quæ capi possint et de quibus non controversia sit, capientur (L. 15, § 4).

In capionibus autem pignorum et distractionibus hic ordo servatur : primo res mobiles, deinde animales, tum res soli, denique res incorporales, id est, jura, nomina et quæcumque alia. (L. 15, §§ 2 et 8).

Ultimus ordo est stipendiorum militis.

§ 3. — *De distrahendis et addicendis pignoribus.*

Sciendum est eum qui ex causa judicati pignora tenet æque distrahere posse ac si ex pigneratitio contractu teneret. Pignus autem non ab actore venumdatur sed per officiales magistratuum ; is tantum qui damnationem obtinuit ad licitationem admitti potest, nisi alius emptor existat (L. 2, cod. ib.). Interdum etiam permittitur, si, dolo malo damnati, emptor sit nullus, tum creditori dominium addici (L. 15, § 3). Imo si res quæ soli sunt diutius ex ambitione aut calliditate damnati subhastatas permansisse probentur, creditor in possessionem definitivam mittetur ne res ulterius protrahatur.

Cum autem hæc addictio obtinet, creditor qui eam petierit, amplius quod sibi debetur petere non potest : « transegisse se enim de credito videtur » (L. 15, § 3).

§ 4. — *Quibus finibus executoris officium concludatur.*

Sententiæ executor neutiquam eam retractare, mutare, aut interpretari potest, nisi magistratus viatorem vice arbitri dederit. Quod rarò et non nisi urgente causa obtinet.

Si igitur post addictionem emptori extraneo, aut missionem creditoris ipsius in possessionem, controversia quædam, nempe de proprietate, moveatur, executorum partes cessabunt (L. 15, § 6).

Quod si emptor pretium rei addictæ non exsolvat, iidem judices non se interponent, alioquin res in longum protrahetur, si forte emptor neget se emisse, aut exsolvisse contendat. Præterea oportet res pignori captas celeriter distrahi et in pecuniam converti : executores igitur se interponent ut rem capiant et distrahant (L. 15, § 7).

SECTIO V.

DE DUOBUS BENEFICIIS QUIBUS DAMNATI GAUDENT.

Quidam damnati beneficio induciarum gaudent ad solutionem. Præterea quibusdam, pro qualitate personæ et causa tribuitur ut non ultra quod facere possunt ad solutionem urgeantur.

§ 1. — *De beneficio induciarum.*

« Hoc maxime locum habet beneficium, inquit Pothier, cum quis judicio *in personam* damnatur, cum enim quis ad *rei* restitutionem damnatus est, potest illa ipsi statim auferri et quidem manu militari. » Aliquando etiam in restitutionibus *rerum* damnatus, induciarum beneficio gaudet si forte rem præstò non habeat et sine dolo inducias petat (Instit. IV, 17, 2).

Ex diverso, in personam judicio damnatus semper dilationem non habet, id est quum jam habeat nunc quid solvat, scilicet in depositi judicio. Judiciorum tempus quod lege XII tabularum triginta dierum erat, deinde auctum fuit ad duos menses, et a Justiniano ad menses quatuor prorogatum est. Cæterum qui judicat, tum arctat, tum auget, induciarum tempus pro qualitate personarum et causæ quantitate nempe si de alimentis vel minorum restitutione agatur (L. 2).

Tempus induciarum ex die sententiæ aut provocationis, si fuerit procovatio, computatur. Citra autem causas in quibus tempus coarctari potest, si quis ita damnatus fuit : ut intra certos dies solvat, si quidem minorem legitimo tempore dilationem judex statuerit, repleatur ex lege quod deest; sin vero major est dilatio, et legitimo tempore et eo quod amplius datum est gaudebit damnatus. Cæterum induciarum beneficio magis causæ quam personæ præstato, heredes iisdem induciis gaudent ac ipse damnatus (L. 4, § 5, L. 29).

Denique pro damnato et non contra eum induciarum tempore constituto interea damnatum liberari posse non dubitandum est (L. 7).

§ 2. — *De in id quod facere potest condemnatione seu de Beneficio competentiæ.*

Tam personarum quam causarum qualitates quarumdam suasit in id tantum quod facere possunt reos aliquos condemnari : quales sunt socii omnium bonorum, parens, miles qui stipendia meruit, patronus, maritus, mulier et donator (L. 6, 16, 17, 18, 20, *h. t.*).

Beneficio competentiæ maritus gaudet non solum quum de dote agatur sed et quotiescumque a muliere judicio conveniatur; item est de muliere (L. 20). Secus est quum rerum amissarum actione conveniatur, tunc enim ex delicto tenetur et in solidum damnari debet (L. 52).

Socer si ex promissione dotis conveniatur in quantum facere potest solum damnatur si constante matrimonio dos petatur, si vero soluto matrimonio, in solidum (L. 21, § 22).

Filius exheredatus, vel qui ab hereditate paterna abstinuit beneficio competentiæ gaudet (L. 49). Diversum est de eo filio qui se patrem familias fingens, mutuo pecuniam accepit, tunc in solidum damnatur (L. 10).

Cum donator ex sua promissione conveniatur non solum in id quod facere potest damnatur sed etiam ei aliquid sufficiens servatur, ut convenienter vivat (L. 30). Si autem donaturum sibi debitor delegaverit creditori suo vel mulier marito suo, dotis causa, vel denique donaturus donatario, videndum an prior donator semper suo beneficio gaudet ? Paulus putabat creditorem non posse, ab hac exceptione summoveri posse, et huic adæquabat maritum (L. 41). Nihil dicit de tertia delegatione, sed nobis videtur donatarium cui donaturus delegatus fuit exceptione summovendum. Si autem donator fidejussorem adhibuit, ille beneficio non gaudebit. (ibid., *in fine*).

Beneficium competentiæ in actione *in rem* locum non obtinet : res enim donata ab eo sine damno neque injuria auferri potest, cum ipsam habeat; idem dicendum est circa fructus quos non consumptos habet (L. 41, § 1).

Beneficium autem competentiæ quando contingit, in omni casu et momento opponi potest : scilicet post sententiam in solidum damnantem (L. 41, § 2). Cæterum ad personas ipsas damnatorum pertinet; ideoque nec hæredes earum adjuvat (L. 24, § 1; L. 25), nec fidejussores (L. 25, pr.).

Procuratores eorum qui beneficio gaudent, vivis illis, beneficio eodem necessario gaudent; post mortem vero eorum in solidum damnantur cum mandati contraria actione ab heredibus eorum solidum consequi possint (L. 23).

Quum autem aliquis in id quod facere potest damnatur non totum quod habet aufertur, sed apud eum satis relinquitur ne egeat. Non vero ei relinquitur unde satisfaciat aliis creditoribus qui etiam in id tantum quod facere potest debitor experiri possint, sed inter eos, melior occupantis conditio est sicut fit in de *peculio* actione (L. 19).

Igitur regulariter Julianus definit : « In judicati actione [non] prius rationem habendam ejus qui prior reus condemnatus fuerit (L. 61).

Cæterum interest quinam beneficio gaudentes conveniantur, cum enim aliquis ex donatione sua conveniatur : deducitur omne æs alienum, *non enim sunt bona nisi deducto ære alieno* (L. 19, § 1); cæteri damnantur sine hac deductione et hoc eos onerat; nam in solidum exactioni ab alteris creditoribus semper subjiciuntur; idem est de filio exheredato qui pro contractibus quos fecit dum in potestate fuit beneficio competentiæ donator adversus inopiam adjuvatur sed si dolo fecit ut bona sua veneant, in solidum tenetur (L. 49, 50 et 51).

SECTIO VI.

QUOMODO SOLVATUR OBLIGATIO JUDICATI.

Obligatio judicati solvitur, omni executione et peractione ejus quod in sententià continetur (L. 4, § 7). Potest etiam ex conventione litigantium caveri aut satisdari; tunc si novandi animo id actum est, obligatio judicati tollitur, sed generaliter pignoris aut fidejussoris datio rem judicatam non novat et executioni non nocet (L. 4, § 4).

POSITIONES.

1. — Si judex in usuras usurarum condemnaverit, sententia nulla est et supervacua est appellatio; ex diverso, si in certam summam usuras easdem usurarum continentem damnaverit, nisi opportune appellatum sit, judicati actio locum habebit.

2. — Et si ante sententiam correi promittendi in solidum tenerentur, post sententiam pro virili tantum portione tenentur actione judicati, nisi in solidum judex condemnationem expresserit.

3. — Procurator qui condemnatus est non judicati actioni obnoxius est, nisi in rem suam datus fuerit aut se liti obtulerit, aut denique domino litis heres extiterit.

4. — Res inter alios judicata aliis non præjudicat nisi his qui cum eorum interesset rem non esse judicatam, judicari scientes passi sunt.

5. — Si donator a donatario creditori delegatur, beneficio competentiæ non gaudet; secus, si donatario ipsius donatarii delegatur.

6. — Beneficio competentiæ non gaudent: neque heredes, neque fidejussores donatoris; procuratores autem ejus, nisi vivo eo, non gaudent.

DROIT FRANÇAIS.

(Code Napoléon, art. 1143-1144 et 2059 à 2070; Code de procédure civile, art. 126-127, 545 à 556 et 780 à 805; ordonn. de 1629, art. 121; Lois du 17 avril 1832 et du 13 déc. 1848.)

Quiconque est valablement obligé doit remplir ses obligations sur tous ses biens meubles et immeubles, présents et à venir (art. 2092). Mais les moyens coercitifs, en cas de résistance, varient suivant la nature et l'objet de l'obligation : aussi l'obligation de livrer une chose déterminée sera facilement exécutée par une saisie de la chose due; l'obligation de donner une somme d'argent ou autre valeur semblable, s'exécutera par une saisie des meubles et subsidiairement des immeubles; quant à l'obligation de faire ou de ne pas faire, elle se résout en général en dommages-intérêts (art. 1142). Ce n'est pas à dire pourtant que dans ce dernier cas même, le créancier n'arrivera jamais que par équivalent et non point en nature, à la réalisation de son droit : si l'obligation est d'un fait, il pourra, s'il y trouve plus d'utilité, faire exécuter ce fait par un tiers, au nom et pour le compte du débiteur; si l'obligation est d'une abstention, il pourra faire détruire, s'il est possible, ce qui a été fait en contravention de l'obligation; dans ces deux cas, comme dans ceux qui précèdent, aucune violence corporelle ne doit être faite au débiteur. Quelquefois, cependant, la personne du débiteur ne sera pas à l'abri des mesures coercitives, et l'intérêt général ou la gravité du droit du créancier, ou même la mauvaise foi du débiteur autoriseront contre lui la suppression de la liberté individuelle, c'est-à-dire la contrainte par corps.

C'est particulièrement de cette énergique voie d'exécution que nous avons à nous occuper ; mais auparavant, il nous faut dire quelque chose des règles générales sur l'exécution des jugements et actes.

DES RÈGLES GÉNÉRALES SUR L'EXÉCUTION DES JUGEMENTS ET ACTES.

De même que la loi civile serait une lettre morte si elle n'avait une sanction dans les actions judiciaires et dans les jugements qui en sont la suite nécessaire, de même, et, à plus forte raison, ces jugements seraient eux-mêmes dérisoires s'ils ne comportaient une exécution réelle, appuyée au besoin de la force publique.

La première condition présentée par le Code de procédure pour que l'exécution d'un jugement puisse avoir lieu d'autorité et malgré le débiteur, c'est que ce jugement porte le même intitulé que les lois et soit terminé par un mandement aux officiers de justice, comme il est dit à l'art. 146 du même Code (art. 545). En effet, toute justice émanant, comme la loi, de l'autorité souveraine, chacune des décisions judiciaires peut être considérée comme une loi spéciale applicable à la cause qui y a donné lieu : elle doit donc être revêtue des mêmes formes.

Indépendamment de cette première condition, il en est d'autres qui ne sont pas moins impérieusement exigées pour la validité de l'exécution : telles sont la signification à l'avoué de la partie condamnée et à la personne même du condamné, ou à son domicile (art. 147).

L'art. 877 du code Napoléon exige aussi que les jugements et actes exécutoires contre un défunt ne puissent être exécutés contre ses héritiers qu'après une signification faite à ceux-ci.

La puissance exécutoire des jugements et actes dérive de l'autorité souveraine du pays; il en résulte que les jugements rendus par les tribunaux étrangers et les actes reçus par les officiers étrangers, ne peuvent être, par eux-mêmes, susceptibles d'exécution en France : c'est ce que décide l'art. 546 du Code de procédure, se référant, pour les exceptions, à la règle des art. 2123 et 2128 du Code Napoléon.

En effet, l'art. 2123 déclare que les jugements rendus à l'étranger emporteront hypothèque en France : 1° quand il existe, à cet effet, des lois politiques ou des traités entre les deux pays ; 2° quand, à défaut de ces traités, le jugement étranger aura été déclaré exécutoire par un tribunal français. A l'égard des conventions ou actes reçus par des officiers publics étrangers, l'art. 2128 ne contient pour eux qu'un seul moyen de donner hypothèque, ce sont les traités ou les lois politiques.

Jusqu'ici il ne s'agit que d'hypothèque et non de force exécutoire ; mais l'art. 546 du Code de procédure, en se référant aux art. 2123 et 2128, nous dit clairement que la force exécutoire des jugements et actes étrangers n'aura lieu qu'aux mêmes conditions de l'hypothèque ; il y aura même une formalité de plus dans le cas de traités rendant l'exécution possible, c'est l'ordonnance d'*exequatur* du président du tribunal dans le ressort duquel l'acte doit être exécuté ; cette formalité est destinée à constater l'authenticité même de l'acte ou du jugement.

La même différence que nous venons de signaler entre le jugement et l'acte authentique, à l'égard de l'hypothèque, se représente pour l'exécution : les actes ne peuvent avoir la force exécutoire en France, qu'en vertu de traités ou lois spéciales, à défaut desquels ils n'auront que force d'acte sous seing privé ; un jugement français sera nécessaire et c'est ce jugement qui seul emportera hypothèque et exécution.

Mais les jugements étrangers semblent plus favorisés en ce qu'à défaut de traités ils peuvent être déclarés exécutoires en France par les tribunaux français.

Une grave difficulté s'élève sur l'étendue de la mission du tribunal français, en ce qui concerne cette déclaration. Trois systèmes existent à cet égard, indépendamment de l'opinion peu soutenable que le tribunal n'aurait qu'à donner une simple formule d'*exequatur*, sans examen.

On dit, dans un premier système, que le jugement n'ayant aucune autorité exécutoire en France, sera considéré comme non avenu, et que le tribunal examinera et revisera la question au fond, comme s'il n'y avait pas eu jugement étranger. Dans un second système, on fait une distinction fondée sur l'art. 121 de l'ordonnance de 1629 (Code Michaux), lequel autorisait « les Français contre lesquels des jugements avaient été rendus à l'étranger, à débattre de nouveau leurs droits comme entiers devant les tribunaux français. »

Il en eût été autrement sous l'empire de l'ordonnance et il en serait autrement même aujourd'hui, dans ce second système, si le jugement était rendu au profit d'un Français contre un étranger.

Dans un troisième système, le tribunal français aurait une mission moins importante que celle de statuer au fond comme si le jugement étranger n'existait pas, mais plus sérieuse que celle de rendre une simple ordonnance d'*exequatur*, sans examen ; on ne fait pas non plus la distinction fondée sur l'ordonnance de 1629, distinction qui semble d'ailleurs peu admissible aujourd'hui, cette ordonnance pouvant être considérée comme abrogée par l'art. 1041 du Code de procédure ; dans ce système, le tribunal tout entier examinerait si le jugement étranger n'est pas contraire aux lois françaises, notamment aux règles sur l'exécution, sur les saisies, sur la contrainte par corps, ou aux autres dispositions intéressant l'ordre public. C'est à ce dernier système que nous nous arrêtons.

L'art. 547 déclare que les jugements rendus et les actes passés en France seront exécutoires dans toute la France sans *visa* ni *pareatis*, encore que l'exécution ait lieu hors du ressort du tribunal par lequel les jugements ont été rendus, ou dans le territoire duquel ces actes ont été passés. Cet article a pour but d'abroger l'ancienne formalité des *pareatis* délivrés par les chancelleries des parlements dans le ressort desquels on voulait exécuter des jugements émanés de juridictions d'un autre ressort.

Il n'y a rien de commun entre ces *pareatis* et les *visas* ou législations encore exigés aujourd'hui (art. 28 de la loi du 25 vent. an XI sur le notariat), pour l'exécution des actes notariés hors du ressort de l'officier qui les a reçus ; cette dernière formalité n'a pour but que d'attester la sincérité de la signature du notaire.

Les jugements, quoiqu'ils n'aient d'effet qu'entre les parties qui ont figuré dans l'instance, ne sont pas toujours exécutoires contre ces mêmes parties ; ainsi, sans parler de l'exécution contre certaines personnes, qui, si elles ne peuvent récuser péremptoirement l'autorité d'un jugement auquel elles n'ont pas été parties, peuvent former tierce opposition, il est d'autres personnes revêtues d'un caractère plus ou moins officiel contre lesquelles l'exécution devra souvent être dirigée : tels sont les conservateurs des hypothèques pour les jugements qui ordonnent une radiation, les officiers de l'état civil pour les jugements qui ordonnent une mainlevée d'opposition au mariage, les consignataires et dépositaires de deniers pour les jugements qui en ordonnent le payement, ou enfin ceux entre les mains desquels ont été faites des saisies-arrêts.

Des mesures particulières sont prescrites pour que ces jugements ne soient exécutés contre les susdites personnes qu'avec certaines garanties particulières qui ont, en général, pour but de prévenir les inconvénients d'une réformation de ces mêmes jugements : dans ce but la partie poursuivante devra remettre au tiers un certificat de son avoué contenant la date de la signification du jugement à la partie condamnée, et en outre un certificat du greffier constatant qu'il n'y a ni opposition, ni appel; beaucoup d'auteurs pensent même que la date de la signification doit être assez reculée pour qu'il n'y ait plus d'appel possible, en d'autres termes que le jugement soit passé en force de chose jugée, c'est même ce qu'exige formellement l'art. 2157 pour la radiation d'hypothèque ; on aurait peine d'ailleurs à s'expliquer pourquoi la loi exigerait le certificat de la date de la signification, si ce n'était pour prouver au tiers que le jugement n'est plus susceptible de réformation. Au surplus, l'avoué de la partie perdante aura dû, dans l'intérêt de son client, faire mentionner son appel ou son opposition au greffe du tribunal qui a rendu le jugement (art. 549).

Une autre condition exigée pour la validité de l'exécution des jugements et actes, c'est que la dette soit certaine, c'est-à-dire que son existence soit reconnue; et liquide, c'est-à-dire que son quantum soit déterminé. Si la dette est liquide sans être pourtant d'une somme d'argent, la saisie pourra avoir lieu, mais ensuite, il sera sursis à la vente et même à toutes poursuites jusqu'à l'estimation en argent (art. 551).

Cette estimation a plusieurs motifs : elle offre au débiteur le moyen d'arrêter les poursuites en consignant la somme due, elle prévient la vente d'une quantité de biens trop considérable pour le payement de la dette, enfin elle facilite l'application de l'art. 2212 du Code Napoléon, qui permet au débiteur d'obtenir un sursis à la saisie immobilière en prouvant que le revenu net de ses immeubles pendant une année suffirait pour acquitter la dette, en capital, intérêts et frais.

La liquidation en argent est encore une opération préalable à la contrainte par corps (art. 552); ici elle servira au débiteur à obtenir son élargissement en consignant dans les mains du geôlier le tiers de la somme due (loi du 17 avril 1832, art. 24; — d'après l'art. 798 du Code de procédure, la consignation devait être de la totalité de la dette). Il faut remarquer toutefois que l'art. 552 n'exige la liquidation en argent que pour les dettes qui en sont susceptibles et il est clair qu'elles ne le sont pas toutes : telle serait, par exemple, l'obligation de délaisser un immeuble dans le cas prévu par l'art. 2060 du Code Napoléon.

Il peut s'élever sur l'exécution même des jugements des difficultés exigeant une prompte solution; elles seront alors résolues provisoirement par le tribunal du lieu où l'exécution s'opère, sauf à y être statué au fond par le tribunal chargé de la connaissance de l'exécution (art. 554). Ce tribunal est ordinairement celui qui a rendu le jugement en voie d'exécution; quelquefois cependant il sera différent, par exemple, si une cour d'appel, infirmant un premier jugement, a chargé un autre tribunal de l'exécution de son arrêt; ou encore quand la loi elle-même attribue juridiction, comme pour l'exécution de la contrainte par corps ou la saisie immobilière (C. pr., art. 472).

Au surplus, les tribunaux de commerce, non plus que les juges de paix, ne connaissent de l'exécution de leurs jugements, parce que leur juridiction est spéciale et exceptionnelle (C. pr., art. 442, 472 et 553).

Une grande différence est à remarquer entre les voies ordinaires d'exécution et l'exécution soit de la contrainte par corps, soit de la saisie immobilière : pour ces dernières il faut à l'officier ministériel chargé de l'exécution, un pouvoir spécial qui est remplacé, à l'égard des autres, par la remise de l'acte exécutoire ou du jugement (art. 556).

DE LA CONTRAINTE PAR CORPS.

La contrainte par corps a été bien qualifiée : une épreuve de solvabilité. La privation de la liberté individuelle est un puissant moyen pour vaincre la résistance ou la mauvaise foi d'un débiteur qui chercherait à dissimuler ses ressources. D'ailleurs la contrainte par corps aujourd'hui n'a plus rien de ce qui la rendit odieuse dans les temps anciens et barbares.

Sans nous occuper de ce que fut la contrainte par corps chez les Grecs, chez les Romains et chez les Francs, recherche que ne comportent pas les limites naturelles de notre travail, nous rappellerons es principaux monuments de la législation française sur cette rigoureuse voie d'exécution.

Saint Louis, en 1274, décréta que les débiteurs devaient payer sur leurs biens et non plus sur leurs corps : il n'excepta que les dettes fiscales. Philippe le Bel, en 1303, permit toutefois aux débiteurs de se soumettre volontairement à la contrainte par corps ; mais, outre que cette soumission devint de style dans les contrats, de si larges exceptions furent apportées à la défense de contraindre les débiteurs par corps (notamment celle qui existait en faveur du commerce), que la règle disparut entièrement. L'ordonnance de Moulins, en 1566, attacha la contrainte par corps à tout jugement de condamnation. L'ordonnance de 1667 ne laissa pas les choses en cet état ; si la contrainte par corps resta la règle en matière commerciale, elle devint une mesure exceptionnelle en matière civile. Les principes de cette ordonnance se conservèrent presque sans altération jusqu'en 1789. La loi du 24 août 1790 sur l'organisation judiciaire, maintint la contrainte par corps pour les jugements des tribunaux de commerce (art. 5 du tit. 12). Un décret du 22 juillet 1791, l'établit en matière criminelle, pour le payement des amendes, dépens et dommages-intérêts. Le 12 mars 1793, la convention abolit la contrainte par corps ; ce décret réservait des exceptions qui furent bientôt formulées, notamment pour les dettes de deniers publics et pour les dettes criminelles.

Le 24 ventôse, an V, la contrainte par corps fut rétablie en matière civile et commerciale. Un décret plus développé fut rendu le 15 germinal, an VI ; rien toutefois n'était encore statué à l'égard des étrangers : un décret du 4 floréal, an VI répara cette omission.

Jusqu'à la promulgation du Code Napoléon, plusieurs actes législatifs secondaires furent encore édictés. Enfin le 3 ventôse, an XII (23 février 1804), fut promulguée la nouvelle loi sur la contrainte par corps, laquelle forma désormais le tit. 16 du liv. 3 du Code Napoléon. Il resta toutefois beaucoup de lacunes à combler : tel fut l'objet d'un grand nombre d'articles du Code de procédure, notamment des art. 126 et 127, et 780 à 805. Des doutes s'étant élevés sur la valeur qui pouvait rester à la loi du 4 flor., an VI, sur les étrangers débiteurs, une loi du 10 septembre 1807 vint régler leur position. Le Code pénal de 1810 reproduisit les dispositions antérieures pour le payement des amendes et dommages-intérêts.

Enfin, le 17 avril 1832, une nouvelle loi, un véritable code de la contrainte par corps, vint régler beaucoup de points indécis, substituer la concordance et l'uniformité à toutes ces dispositions successives et variées ; elle limita la durée de la contrainte par corps et créa encore quelques exemptions.

La révolution de 1848 ne tarda pas à s'occuper de la grave question de la contrainte par corps ; dès le 9 mars, un décret du gouvernement provisoire la suspendit, sans exception ni réserve ; cette mesure radicale fit bientôt naître de graves difficultés : on chercha à en pallier les effets par d'autres décrets ou arrêtés explicatifs ; des doutes s'élevaient à l'égard des débiteurs frauduleux ; on se demanda aussi si l'on avait voulu abolir les dispositions du Code civil ; le commerce et ses tribunaux réclamèrent énergiquement l'utile garantie qu'on venait d'enlever au crédit ; enfin le 13 décembre de la même année 1848, un décret de l'assemblée constituante rapporta le décret du mois de mars, mais introduisait en même temps quelques modifications à la loi de 1832.

Nous étudierons dans huit sections, les dispositions encore en vigueur de ces divers actes législatifs : dans une première, nous établirons les principes généraux de la matière ; dans une seconde, nous parlerons de son application en matière civile ; dans une troisième, de la contrainte en matière de deniers publics ; dans une quatrième, de la contrainte en matière commerciale ; dans une cinquième, de la contrainte par corps contre les étrangers ; dans une sixième, de son application en matière pénale ; dans une septième, de sa mise à exécution et de sa procédure ; enfin, dans une huitième, de l'élargissement du débiteur.

SECTION PREMIÈRE.

CARACTÈRES ET RÈGLES GÉNÉRALES DE LA CONTRAINTE PAR CORPS.

Les détracteurs de la contrainte par corps ont prétendu qu'elle était une peine, comme si la privation de la liberté avait nécessairement un caractère pénal. Si, par là, on voulait en prévenir l'application par analogie à des cas non prévus par la loi, cette interprétation était inutile, car il suffit que la contrainte par corps soit une rigueur, pour qu'il n'y ait lieu à aucune extension semblable ; d'ailleurs, deux dispositions de la loi s'en expliquent formellement : l'art. 2063 du Code Napoléon et l'art. 126 du Code de procédure. La contrainte par corps ne pourrait pas même être consentie dans les cas où les parties n'y sont pas autorisées par la loi, eussent-elles même contracté en pays étranger. Du reste, la stipulation indue de la contrainte par corps n'entraînerait pas toujours la nullité totale du contrat ; il faudrait, pour que cette nullité eût lieu par application de l'art. 1172, qu'on pût voir dans cette stipulation une véritable condition du contrat, plutôt qu'un mode d'exécution. Au surplus, la stipulation de la contrainte par corps serait valable dans les cas où elle est impérativement prononcée par la loi.

Afin qu'il n'y eût aucun doute sur le point de savoir si dans tel ou tel cas, la contrainte par corps était réellement prononcée par la loi, l'art. 2067 du Code Napoléon, porte qu'aucune application n'en peut être faite, si ce n'est en vertu d'un jugement ; c'est une nouvelle garantie pour la liberté individuelle. Elle a lieu en matière commerciale comme en matière civile (L. de 1832, art. 1).

Il faut un jugement : ainsi une ordonnance sur référé ou d'*exequatur* ne suffirait pas; au reste, il n'y a pas à distinguer quelle juridiction a prononcé : toute juridiction appelée à connaître du fond d'une affaire peut prononcer la contrainte par corps : les juges de paix, les arbitres et les tribunaux de commerce ont à cet égard autant de pouvoir que les tribunaux civils de première instance.

La contrainte par corps doit être prononcée par le même jugement qui statue sur le fond, parce que le tribunal une fois dessaisi du principal ne pourrait plus s'occuper de l'accessoire. Du reste, l'omission pourrait être réparée en appel, mais à la condition qu'elle eût été requise en première instance par le demandeur; autrement, il y aurait demande nouvelle en appel, ce que la loi défend (art. 464).

Il existe quelques exceptions à la règle que la contrainte par corps ne peut avoir lieu qu'en vertu d'un jugement: ainsi les étrangers non domiciliés en France peuvent être contraints par corps sur une simple ordonnance du président (L. de 1832, art. 15); ainsi encore, les cautions judiciaires qui ont fait leur soumission au greffe sont contraignables par corps sans jugement (art. 517 C. pr.).

Le caractère de mesure accessoire qui appartient à la contrainte par corps avait fait douter qu'elle pût donner lieu à un appel principal et distinct de l'appel sur le fond de la cause; après de longues controverses, la loi de 1832 (art. 20) a formellement déclaré que l'appel sur la disposition relative à la contrainte par corps serait toujours recevable, mais sans effet suspensif. La loi du 13 décembre 1848 (art. 7) est allée plus loin : elle permet l'appel, du chef de la contrainte, dans les trois jours de l'emprisonnement ou de la recommandation, encore qu'il y eût acquiescement sur le fond ou que les délais de l'appel au fond fussent expirés. On n'est pas d'accord sur les pouvoirs des juges saisis de cet appel quand il y a acquiescement sur le fond ou quand le jugement est passé en force de chose jugée; on admet assez généralement que, sans modifier le fond, les juges d'appel pourraient l'examiner et le vérifier, afin de s'assurer s'il y avait lieu à la contrainte par corps; mais nous pensons que cet examen, s'il amenait les juges à reconnaître d'autres obligations, par exemple, que celles qui ont fait prononcer la contrainte, jetterait un grave discrédit sur la décision des premiers juges : on peut concilier l'appel sur la contrainte par corps avec l'autorité de la chose jugée : les faits constatés par le premier jugement seront légalement tenus pour vrais, mais on examinera s'ils donnaient lieu à la contrainte par corps.

C'est une question délicate que celle de savoir quand les juges peuvent accorder des sursis à l'exécution de la contrainte par corps. Un premier point est admis par tout le monde et décidé par la loi (art. 127, C. pr.), c'est que dans tous les cas où la contrainte par corps est *facultative*, c'est-à-dire où il est simplement *permis* au juge de la prononcer, il peut, en la prononçant, accorder, par le même jugement, un sursis à son exécution ; mais quand la contrainte est impérative pour les juges, peuvent-ils accorder le même sursis ? Pour l'affirmative on invoque l'art. 1244 C. N., qui autorise les juges à accorder des délais modérés pour le payement et à surseoir à l'exécution des poursuites ; on invoque encore la disposition de l'art. 127 C. pr. précité, lequel, en se référant à l'article précédent, semblerait embrasser les cas de contrainte par corps impérative comme facultative ; mais on peut répondre que l'art. 1244 autorise la suspension de toutes poursuites, même sur les biens ; que si, pourtant, le tribunal n'a pas usé de ce pouvoir quant aux biens, il ne peut nullement suspendre une rigueur que la loi lui a imposé de prononcer comme corollaire de la condamnation du débiteur ; quant à l'art. 127 du C. de pr. civ., il se réfère évidemment aux cas de contrainte facultative, les seuls qui soient *énoncés en l'article précédent*.

Enfin, on avait prétendu que le sursis était permis même en matière commerciale, excepté pour le payement des lettres de change et des billets à ordre (art. 135 et 157, C. comm.). Mais la loi du 13 déc. 1848, art. 5, est venue trancher ce doute dans le sens contraire, au moins en règle générale, puisqu'elle a permis expressément au juge de commerce d'accorder un sursis à la contrainte par corps pour toute condamnation au-dessous de 500 fr., même en matière de lettres de change et de billets à ordre.

L'art. 2069, C. N., porte que l'exercice de la contrainte par corps n'empêche ni ne suspend les poursuites et les exécutions sur les biens. On a critiqué cette disposition qui permet de saisir la personne avant les biens ; on a dit qu'une discussion préalable des biens eût été plus sage et plus juste ; mais il est bon de remarquer que le bénéfice de cession de biens est toujours pour le débiteur un moyen de se soustraire à la contrainte par corps (C. N., art. 1270, 2ᵉ al.). Toutefois, les commerçants ne jouissant pas de ce bénéfice (C. com., art. 541), l'observation reste entière à leur égard.

SECTION II.

DE LA CONTRAINTE PAR CORPS EN MATIÈRE CIVILE.

En matière civile, la contrainte par corps est *légale*, c'est-à-dire établie par la loi, ou *conventionnelle*, c'est-à-dire établie par le consentement des parties. La contrainte légale est, en outre *facultative* ou *impérative*, suivant qu'il est enjoint au juge de la prononcer ou qu'au contraire, cela est laissé à son appréciation et à sa prudence.

I. *Contrainte par corps légale impérative.*

La contrainte par corps légale impérative a lieu : 1° dans le cas de stellionat. L'art. 2059 du C. N., sans définir précisément le stellionat, indique dans quel cas il a lieu : ces cas sont au nombre de quatre, plus un cinquième qui se trouve dans l'art. 2136 ; les voici : 1° la vente d'un immeuble dont on sait n'être pas propriétaire ; 2° l'hypothèque du même bien ; 3° le fait de présenter comme libres des biens qu'on sait hypothéqués ; 4° la déclaration d'hypothèques moindres que celles qu'on sait exister en réalité ; 5° enfin le fait par un tuteur ou par un mari d'avoir consenti une hypothèque sur ses biens sans déclarer l'hypothèque légale non inscrite du mineur ou de la femme.

Ainsi le stellionat, quoiqu'il ne constitue pas, dans notre législation, un délit criminel, porte néanmoins le caractère frauduleux qui constitue le délit *civil*. Hors les cas prévus par la loi, il n'y aurait plus que dol civil donnant lieu à des dommages-intérêts ; ainsi, en matière d'effets mobiliers, il n'y a jamais stellionat ; et même en fait d'immeubles, l'échange d'un immeuble dont on sait n'être pas propriétaire n'étant pas compris dans l'énumération de la loi, ne doit pas être considéré comme un cas de stellionat. Il en serait de même de l'antichrèse, qui, d'ailleurs, n'a pas l'importance de l'hypothèque, et n'y saurait être assimilée.

De même, enfin, celui qui n'a sur le bien qu'il vend ou qu'il hypothèque qu'une propriété résoluble, ne nous semble pas stellionataire pour le seul fait de n'avoir pas déclaré la condition résolutoire.

Au contraire, il y aurait stellionat si la condition était seulement suspensive. Nous croyons également qu'il y a stellionat dans la vente de droits d'usufruit, d'usage, d'habitation ou de servitudes sur un immeuble dont on sait n'être pas propriétaire ; on est alors dans les termes de la loi : celui qui vend ces droits vend un immeuble. Il en serait de même s'il vendait la nue propriété.

A l'égard des hypothèques dont la constitution rend stellionataire, il y a une différence importante à signaler entre celles constituées par un tuteur ou un mari, et celles constituées par toute autre personne. L'hypothèque consentie par le mari ou le tuteur, sans déclaration expresse des hypothèques légales de la femme ou du mineur, constitue un stellionat, le silence seul est puni ; pour les autres, au contraire, il faut une fausse déclaration, pour qu'il y ait stellionat. La raison de cette différence est facile à justifier : les tiers ont de faciles moyens de s'assurer s'il existe ou non des hypothèques ordinaires ; au contraire, les hypothèques légales de la femme et du mineur sont occultes.

L'art. 2136 n'ayant prévu que le cas d'hypothèque par le mari ou tuteur, on s'est demandé s'il fallait y assimiler le cas de vente sans les déclarations prescrites. On décide généralement la négative, non pas à cause du silence de la loi, car il semblerait y avoir un *à fortiori* pour reconnaître un stellionat, mais parce que le tiers acquéreur pourrait se soustraire à toute inquiétude par les formalités de la purge.

Du reste, la loi réprouve tellement le stellionat, que bien qu'elle affranchisse les femmes et les filles de la contrainte par corps en matière civile, cependant elle les y soumet pour le cas de stellionat. Toutefois, des distinctions étaient encore nécessaires à cet égard : si la femme est mariée en communauté et s'est engagée conjointement ou solidairement avec son mari ; elle semble avoir agi sans liberté et sans connaissance suffisante de l'acte frauduleux auquel elle participait; au contraire, quand la femme a l'administration de tout ou partie de ses biens et qu'elle se rend coupable des actes qui constituent le stellionat, elle est exposée à toute la rigueur de la loi, et nous ne pensons pas qu'elle puisse, pour s'y soustraire, se fonder sur ce que son mari aurait concouru à l'acte.

Pour qu'il y ait stellionat, la loi exige la mauvaise foi, c'est-à-dire la connaissance des circonstances qu'il importait aux tiers de connaître eux-mêmes et qu'on ne leur a pas révélées. Cela ne peut être sérieusement contesté en face de l'art. 2059 qui parle expressément d'immeubles dont *on sait* n'être pas propriétaire. S'il est moins explicite dans les alinéas suivants, il n'en faut pas conclure que la mauvaise foi ne soit également exigée pour qu'il y ait stellionat ; et même l'acte étant moins préjudiciable au tiers contractant, la mauvaise foi semble encore plus nécessaire. L'intention de nuire ne suffit pas pour constituer le stellionat, il faut encore le préjudice causé. Si donc les hypothèques qui n'ont pas été révélées se trouvaient nulles, éteintes ou périmées, le nouveau créancier ne pourrait se plaindre ; de même, si le vendeur d'un immeuble en était propriétaire à son insu et se trouvait ainsi n'avoir causé aucun préjudice à l'acheteur. Enfin, nous pensons qu'il n'y aurait pas stellionat, si l'acheteur ou le créancier hypothécaire était complice de la fraude.

Le stellionataire n'est pas puni seulement de la contrainte par corps, il est encore privé du bénéfice de cession (C. proc., art. 905), il perd le bénéfice du terme, car il a diminué les sûretés de son débiteur (art. 1188, C. N.). Enfin il n'est pas admis au bienfait de la réhabilitation après faillite (C. comm., art. 612).

La contrainte par corps impérative a lieu encore :

2° Pour dépôt nécessaire : on a voulu poursuivre la mauvaise foi avec d'autant plus de rigueur que le créancier avait eu moins de facilité de choisir son dépositaire. Les voituriers sont assimilés au dépositaire nécessaire par l'article 1782, C. N.

3° En cas de réintégrande, pour le délaissement ordonné par justice d'un fonds dont le propriétaire a été dépouillé par des voies de fait ; ainsi que pour la restitution des fruits perçus pendant l'induë possession et pour le payement des dommages-intérêts adjugés au propriétaire : on a voulu donner une garantie toute spéciale à la propriété.

4° Pour la répétition de deniers consignés dans les mains de personnes publiques établies à cet effet : il y avait ici un double motif de rigueur ; d'abord, quand la justice ordonne une consignation, elle répond en quelque sorte de la sûreté de la consignation : il importe que la confiance des particuliers ne soit pas trompée ; ensuite les consignataires publics sont en quelque sorte des dépositaires nécessaires.

5° Pour la répétition des choses déposées aux séquestres commissaires et autres gardiens ; il faut supposer, selon nous, que le dépôt a été fait sur l'ordre de la justice : il paraît, en effet, que lors de la confection de l'article qui nous occupe, on fonda cette disposition sur l'idée que le créancier avait *contracté avec la justice.*

6° Contre les cautions judiciaires et contre les cautions des contraignables par corps lorsqu'elles se sont soumises à cette contrainte : il fallait que les garanties accordées par la justice fussent effectives, et que celui qui s'offre pour être cette garantie, pût être contraint sur sa personne comme sur ses biens ; quant aux cautions des contraignables par corps, elles ne seraient pas une sûreté suffisante si elles n'étaient aussi énergiquement tenues que le débiteur principal. Mais la loi ne les soumet pas elle-même à la contrainte par corps impérative ; cette rigueur n'a lieu qu'autant qu'elles s'y sont soumises elles-mêmes. Le doute s'est élevé sur la question de savoir si les cautions judiciaires, comme les cautions des contraignables par corps, n'étaient soumises à la contrainte qu'autant qu'elles s'y étaient expressément soumises ; nous croyons que le doute doit se résoudre ici, comme en toute cette matière, en faveur du droit commun et de la liberté individuelle. La rédaction même de la loi se prête facilement à cette interprétation.

7° Contre tous officiers publics pour la représentation de leurs minutes quand elle est *ordonnée* : malgré l'expression ORDONNEE qui ferait supposer une injonction émanée de l'autorité judiciaire, nous pensons que les officiers de l'état civil, les conservateurs des hypothèques et les greffiers seraient contraignables par corps, s'ils refusaient aux particuliers de leur délivrer les expéditions ou les certificats que chacun a le droit de leur demander : ces officiers, en effet, à la différence des notaires, sont détenteurs des minutes et actes qui intéressent tout le monde, et sont tenus de les communiquer à tout requérant.

8° Contre les notaires, avoués et huissiers, pour la restitution des titres à eux confiés et des deniers par eux reçus *pour* leurs clients, par suite de leurs fonctions. La loi du 13 décembre 1848 a étendu cette disposition aux greffiers, aux commissaires-priseurs et aux gardes du commerce. La rédaction de cet alinéa a donné lieu à une difficulté : on s'est fondé sur ce que la loi suppose des deniers reçus *pour* le client, pour ne pas appliquer la contrainte par corps au cas où l'officier a reçu les deniers *de* son client ; nous n'admettons pas cette distinction plus subtile que fondée en raison. Ces titres, dont il est question dans la première partie de l'alinéa, sont reçus *du* client, nous ne voyons pas pourquoi les deniers reçus du même client ne seraient pas autant garantis. Du reste, il faut que les deniers aient été reçus par l'officier, *par suite de ses fonctions* ; condition que les termes de la loi ne précisent pas d'une manière suffisante.

Dans les huit cas de contrainte par corps légale impérative que nous venons de parcourir, les parties ne sont pas dispensées de prendre des conclusions à cet égard et le juge n'est pas dispensé de la prononcer ; ce qui constitue le caractère impératif, c'est l'obligation pour le juge, les faits étant constants, de la prononcer sans pouvoir user d'aucun pouvoir discrétionnaire.

II. *Contrainte par corps légale facultative.*

La contrainte par corps est légale facultative quand la loi *permet* au juge de la prononcer d'après les circonstances de la cause. Les cas en sont également exceptionnels et fixés par la loi elle-même ; la différence ne consiste que dans ce pouvoir discrétionnaire du juge. Ces cas se trouvent tant dans le Code Napoléon que dans le Code de procédure :

L'article 2061, C. N., porte : « Ceux qui, par un jugement rendu au pétitoire et passé en force de chose jugée, ont été condamnés à désemparer un fonds et qui refusent d'obéir *peuvent*, après un second jugement, être contraints par corps, quinzaine après la signification du premier jugement à personne ou domicile. » Ce cas diffère de celui de la réintégrande qui entraîne la contrainte impérative. La différence des deux contraintes ne doit pas surprendre : dans le cas de réintégrande, la loi a statué contre un possesseur violent et de mauvaise foi ; ici, aucune circonstance de ce genre ne se rencontre, aussi plusieurs conditions sont-elles exigées pour que la contrainte ne soit pas une rigueur inattendue : il faut 1° que la dépossession ait été ordonnée par un *jugement* rendu au pétitoire ; 2° que ce jugement soit *passé en force de chose jugée* ; 3° que la partie condamnée refuse d'obéir aux ordres de la justice ; 4° que *quinze jours* se soient écoulés depuis la signification du premier jugement ; 5° qu'un second jugement reconnaisse la nécessité de la contrainte.

L'article 2062, *in fine*, porte : « Les fermiers et les colons partiaires *peuvent* être contraints par corps, faute par eux de représenter, à la fin du bail, le cheptel de bétail, les semences et les instruments aratoires qui leur ont été confiés ; à moins qu'ils ne justifient que le déficit de ces objets ne procède pas de leur fait. « Si de puissantes garanties n'avaient pas été données aux bailleurs de biens ruraux, l'intérêt de l'agriculture eût été compromis. »

Un troisième cas de contrainte facultative est écrit au Code de procédure (art. 107) pour le rétablissement par les avoués de certaines pièces à eux communiquées ;

Un quatrième cas est relatif au payement de plus de 300 fr. de dommages-intérêts ; il est réglé par l'article 126 du Code de procédure.

Il ne faut pas s'étonner que la contrainte par corps puisse être attachée à une dette accessoire quand la dette principale n'entraîne pas cette rigueur ; la raison en est que les dommages-intérêts sont toujours dus pour une faute et quelquefois pour une fraude. Au reste, le pouvoir laissé au juge est une sûre garantie contre l'abus d'une telle rigueur.

Par dommages intérêts il faut entendre ici, comme toujours, ce qui est dû pour la réparation du préjudice causé et du bénéfice manqué ; sans qu'il y ait à distinguer si la dette était de faire ou de ne pas faire, de donner un corps certain ou une somme d'argent ; les intérêts moratoires, à la différence de ceux qu'on appelle compensatoires, sont de véritables dommages-intérêts. Quant à la clause pénale, quoiqu'elle soit souvent stipulée à titre de dommages-intérêts, comme elle échappe à la fixation du juge, elle n'a pas, selon nous, le caractère voulu pour entraîner la contrainte par corps ; cette faculté donnée au juge de prononcer la contrainte par corps pour dommages-intérêts est remarquable et grave en ce qu'elle rend la contrainte par corps applicable à une foule de cas où la contrainte par corps impérative et la contrainte conventionnelle sont impossibles : en effet, toute obligation peut se résoudre en dommages-intérêts (art. 1142). Observons, en terminant, que si des dommages-intérêts étaient dus pour inexécution d'une obligation commerciale, ils n'auraient pas le caractère de dette commerciale et que, par conséquent, il n'y aurait pas lieu à la contrainte impérative, mais seulement à la contrainte facultative et pour une valeur de 300 fr.

Le cinquième et dernier cas de contrainte par corps facultative est au même art. 126 du Code de pr. : c'est lorsqu'il s'agit de reliquats de compte de tutelle, curatelle, etc., et de toute restitution à faire par suite desdits comptes.

III. *De la contrainte par corps conventionnelle.*

Avant la loi du 13 décembre 1848, il y avait dans notre droit deux cas de contrainte conventionnelle : 1° celui où les cautions de contraignables par corps (et aussi suivant plusieurs auteurs, les cautions judiciaires), s'étaient expressément soumises à la contrainte ; 2° celui où les fermiers d'héritages ruraux s'y étaient soumis pour le payement de leurs fermages. L'art. 2 de la loi de 1848 ayant enlevé aux fermiers cette faculté que leur donnait l'art. 2062, C. N., elle ne reste plus qu'aux personnes énoncées dans l'art. 2060, alin. 5.

Dans tous les cas prévus par la loi, la contrainte par corps peut être prononcée, en principe, contre toutes personnes ; mais il y a d'assez nombreuses exceptions, elles concernent : 1° les mineurs (C. N. art. 2064), excepté en matière criminelle (C. proc., art. 52) ou commerciale (L. de 1832, art. 2) ; 2° les septuagénaires (art. 2060), si ce n'est en cas de stellionat et en matière criminelle ; 3° les femmes et les filles, sauf également le cas de stellionat, de condamnation criminelle et, de plus, sauf le cas où la femme est marchande publique ; 4° ceux qui ont valablement fait cession de leurs biens (art. 1270, C. N.).

Certaines exemptions sont fondées sur la parenté et l'alliance : l'art. 19 de la loi de 1832 la défend : 1° entre époux ; 2° entre ascendants et descendants ou alliés dans la même ligne ; 3° entre frères et sœurs ou alliés au même degré ; la loi de 1848, art. 10, a étendu la défense ; 4° entre oncles ou tantes et neveux ou nièces ou alliés au même degré ; 5° entre grands-oncles ou grand'tantes et petits-neveux ou petites-nièces ou alliés au même degré.

L'art. 21 de la loi de 1832 portait que la contrainte par corps ne pourrait être exécutée simultanément par un créancier contre les deux époux simultanément pour la même dette; mais un grand abus s'était produit : les créanciers rigoureux faisaient consentir deux obligations séparées par les époux et la prohibition était éludée ; la loi de 1848 a remédié à cet abus : elle porte (art. 11) qu'*en aucune matière* la contrainte par corps ne pourra être exercée simultanément contre le mari et la femme *même pour dettes différentes*.

La contrainte par corps ne peut être prononcée en matière civile pour une somme inférieure à 300 francs (C. N., art. 2065 ; C. de proc., art. 126). Il n'est pas nécessaire que cette somme soit en principal seulement, les intérêts échus peuvent y entrer ; mais elle ne doit pas résulter de la réunion de plusieurs créances distinctes.

Sous l'empire du Code Napoléon, la durée de la contrainte par corps en matière civile était indéfinie ; le débiteur ne voyait de terme à son emprisonnement que lorsqu'il avait commencé sa soixante-dixième année. Les lois de 1832 et de 1848 ont remédié à ce fâcheux état de choses : la première en fixant (art. 7) un *minimum* d'un an et un *maximum* de dix ans, avec un adoucissement pour le fermier, à l'égard duquel le maximum ne dut être que de cinq ans. La loi de 1848 (art. 12) a réduit le *minimum* à six mois et le *maximum* à cinq ans, en matière civile, et à trois ans en matière commerciale ; seulement, en cette matière, elle n'a pas laissé au juge de pouvoir discrétionnaire, elle a fixé elle-même la durée de la contrainte d'après une progression proportionnelle à l'importance de la dette. Toutes ces dispositions ne dispensent pas le juge de prononcer expressément la contrainte par corps.

SECTION III.

DE LA CONTRAINTE PAR CORPS EN MATIÈRE DE DENIERS ET EFFETS MOBILIERS PUBLICS.

La loi de 1832 a soumis à la contrainte par corps, pour raison du reliquat de leurs comptes, déficit ou débets constatés à leur charge et dont ils ont été déclarés responsables : « 1° les comptables de deniers publics ou d'effets mobiliers publics et leurs cautions ; 2° leurs agents ou préposés qui ont personnellement géré ou fait la recette ; 3° toutes personnes qui ont reçu des deniers publics dont elles n'ont point effectué le versement ou l'emploi, ou qui, ayant reçu des effets mobiliers appartenant à l'État, ne les représentent pas ou ne justifient pas de l'emploi qui leur avait été prescrit (art. 8). Ces dispositions s'appliquent aux comptables des communes, hospices et autres établissements publics, ainsi qu'à leurs cautions et leurs agents (art. 9). »

« Sont également soumis à la contrainte par corps : 1° tous entrepreneurs, fournisseurs, soumissionnaires et traitants qui ont passé des marchés intéressant l'État, les communes ou établissements publics ; 2° leurs cautions, ainsi que les agents qui ont personnellement géré (art. 10). »

« Seront encore soumis à la contrainte par corps, tous redevables, débiteurs et cautions de droits de douanes, d'octrois et autres contributions indirectes, qui ont obtenu un crédit et qui n'ont pas acquitté à l'échéance le montant de leur soumission ou obligation (art. 11). »

« La contrainte par corps pourra être prononcée en vertu des dispositions précédentes, contre les femmes et les filles ; elle ne pourra l'être contre les septuagénaires (art. 12). »

« Dans les cas qui précèdent, la contrainte par corps n'aura jamais lieu que pour une somme principale excédant 300 francs ; la durée sera fixée dans les limites de l'art. 7, § 1er, c'est-à-dire à un an au moins et dix ans au plus (art. 13). »

SECTION IV.

DE LA CONTRAINTE PAR CORPS EN MATIÈRE COMMERCIALE.

L'art. 1er de la loi de 1832 a tranché un doute sérieux qui régnait sous l'empire du Code de commerce, relativement aux cas d'application de contrainte par corps ; cet article porte qu'elle sera prononcée, sauf les exceptions indiquées, *pour toute dette commerciale ;* c'est-à-dire, d'après le principe posé dans l'art. 631 du Code de commerce, pour celles qui proviennent de l'un des actes que la loi qualifie actes de commerce, soit à raison de leur nature, soit à raison des personnes dont ils émanent.

L'art. 2 de la même loi déclare exempts de la contrainte par corps : 1° les femmes et les filles non marchandes publiques, bien qu'elles aient fait des actes de commerce ; d'ailleurs, la femme non marchande qui a signé une lettre de change, n'est réputée avoir fait qu'une simple promesse (art. 113, C. com.) ; 2° les mineurs non commerçants ; les lettres de change par eux signées ne sont pas même réputées simples promesses à leur égard (*ib.*, art. 114) ; 3° les veuves et les héritiers des justiciables des tribunaux de commerce actionnés en cette seule qualité.

L'art. 4 excepte également les septuagénaires. Jusqu'à cette loi, les septuagénaires n'étaient exempts de la contrainte par corps qu'en matière civile.

Les exceptions fondées sur la parenté et l'alliance que nous avons énoncées dans la section II, sont également applicables en matière de commerce (*V.* la rubrique du titre IV de la loi de 1832).

L'art. 1er de la loi de 1832, réparant une regrettable omission du Code de commerce, a fixé à 200 fr. le minimum de la somme pour laquelle la contrainte est permise.

La durée aussi avait été fixée par cette loi de 1832 (art. 5), à une durée progressive suivant l'importance de la somme ; la loi de 1848 a encore abaissé cette durée (art. 4), elle est aujourd'hui de trois mois pour 500 fr. de capital, de six mois pour 1,000 fr., de neuf mois pour 1,500 fr., d'un an pour 2,000 fr., et ainsi de suite, en augmentant de trois mois par chaque 500 fr. ; sans toutefois pouvoir excéder trois ans.

SECTION V.

DE LA CONTRAINTE PAR CORPS CONTRE LES ÉTRANGERS.

Le peu de garanties qu'offrent les étrangers non domiciliés en France a fait admettre à leur égard une double rigueur que n'ont point à subir les autres personnes : 1° ils peuvent être arrêtés provisoirement et sans jugement ; 2° ils peuvent être retenus en état d'emprisonnement définitif dans des cas spéciaux.

I. *De l'arrestation provisoire des étrangers.*

L'article 15, § 1ᵉʳ, de la loi de 1832, porte qu'avant le jugement de condamnation, mais après l'échéance ou l'exigibilité de la dette, le président du tribunal de première instance, dans l'arrondissement duquel se trouvera l'étranger non domicilié, pourra, s'il y a de suffisants motifs, être provisoirement arrêté sur la requête du créancier français.

Cette mesure peut être ordonnée, même quand la dette de l'étranger a été contractée en pays étranger. La loi, accordant le droit d'arrestation provisoire au créancier *français*, il est naturel de croire qu'elle entend exclure le créancier étranger ; mais à cette occasion, on n'est pas d'accord sur le point de savoir si l'arrestation provisoire pourrait avoir lieu quand le Français n'est devenu créancier, que par suite d'une cession à lui faite par un créancier étranger ; nous croyons que l'affirmative ne peut guère se soutenir et qu'elle est détruite par le principe : que personne ne peut transférer plus de droits qu'il n'en a lui-même.

L'arrestation provisoire étant fondée sur le défaut de garanties, doit cesser dès que l'étranger présente ces garanties, ce qui a lieu : 1° s'il est domicilié en France, avec autorisation du gouvernement ; 2° s'il possède en France des immeubles ou un établissement commercial ; 3° s'il donne caution suffisante et domiciliée en France (art. 16).

Au surplus, quand l'arrestation provisoire a lieu, c'est à la charge par le créancier de se pourvoir, dans la huitaine, en condamnation définitive contre l'étranger (art. 15, 2ᵉ alin.).

II. *De l'emprisonnement définitif contre l'étranger.*

La deuxième mesure exorbitante du droit commun prise contre l'étranger non domicilié, est celle qui permet au créancier français de le contraindre par corps, en vertu de tout jugement qui interviendra à son profit pour une somme de 150 fr. et au-dessus (art. 14) ; il y a entre cette contrainte et la contrainte du droit commun plusieurs différences principales : 1° elle a lieu de plein droit, sans conclusion et sans prononciation ; 2° elle a lieu sans distinction de la cause et de la nature de la dette ; 3° elle n'a lieu qu'au profit d'un créancier Français ; 4° elle a lieu pour une somme moindre de 300 fr. et même de 200 fr. ; 5° elle peut avoir une durée plus longue que pour les Français. Telle était certainement la portée de l'article 17 de la loi de 1832, mais la loi de 1848 a limité le maximum de la durée à cinq ans, ce qui est le maximum commun aux Français et aux étrangers, cette limitation, du reste, ne détruit pas toute différence de durée.

La loi, au surplus, n'a pas oublié les prescriptions de convenance et d'humanité. C'est ainsi que les femmes et les septuagénaires sont exempts de la contrainte par corps, si ce n'est en cas de stellionat (art. 17).

SECTION VI.

LA CONTRAINTE PAR CORPS EN MATIÈRE PÉNALE.

Les art. 52, 467 et 469 du Code pénal portent que l'exécution des condamnations à l'amende, aux restitutions, aux dommages-intérêts et aux frais, pourra être poursuivie par la voie de la contrainte par corps.

On reconnaît généralement que cette disposition, quoique peu impérative (à cause du mot *pourra*), attache cependant la contrainte par corps virtuellement et de plein droit aux jugements en matière pénale. La loi pénale ne tient pas compte, comme la loi civile, des conditions d'âge ou de sexe ; les femmes, les filles, les mineurs, les septuagénaires sont également soumis à la contrainte par corps en matière pénale. Néanmoins, la loi de 1832, art. 40, et celle de 1848, art. 9, l'ont tempérée à l'égard des septuagénaires, en abrégeant sa durée. Les exemptions fondées sur la parenté ou l'alliance ont été aussi appliquées aux matières criminelles par la loi de 1832, art. 41.

Il n'y a pas de *minimum* pour la contrainte par corps en matière pénale ; elle peut donc être exercée pour une amende inférieure à 16 fr.

La question de la durée de cette contrainte a donné lieu à de graves difficultés ; le Code pénal ne la fixait que pour le payement à l'État des amendes et des frais ; il la laissait indéfinie pour les condamnations envers la partie civile.

La loi de 1832, malgré ses dispositions plus humaines, contenait des incohérences et des distinctions gênantes qui donnèrent lieu aux plus sérieuses difficultés, auxquelles la loi de 1848 a seule mis un terme par son art. 8.

Les art. 33 et 38 de la loi de 1832 contiennent, sur la forme et la procédure de la contrainte par corps en matière pénale, quelques détails dans lesquels nous ne croyons pas nécessaire d'entrer.

SECTION VII.

DE LA PROCÉDURE DE LA CONTRAINTE PAR CORPS.

La première formalité qui doit précéder l'exécution de la contrainte par corps, c'est la signification du jugement qui l'a prononcée, avec commandement simultané ; cette signification sera faite par un huissier commis par le tribunal. Cette signification doit précéder d'un jour la saisie de la personne (Cod. pr., art. 780). Et pour que le débiteur ne soit pas victime d'une surprise, la loi veut (art. 784) que, s'il s'est écoulé un an depuis le commandement, il en soit fait un nouveau par huissier commis.

L'arrestation du débiteur est faite aussi avec toutes les garanties et les convenances désirables (art. 781).

L'office d'arrêter les débiteurs est confié aux huissiers en général ; à Paris, il est confié à des officiers spéciaux qu'on appelle gardes du commerce (V. art. 625, C. com.).

Nous avons vu que l'art. 556 du Code de pr. civ. exige que l'officier soit muni d'un pouvoir spécial ; on a contesté l'utilité de ce pouvoir à l'égard des gardes du commerce qui, à la différence des huissiers, n'ayant d'autres fonctions que celle d'arrêter les débiteurs, ne peuvent être porteurs des pièces nécessaires à l'arrestation, sans qu'il en résulte un mandat suffisamment explicite ; nous croyons cependant qu'il est préférable de s'en tenir à la prescription de la loi.

L'huissier doit être assisté de deux recors ou témoins, à peine de nullité.

Le débiteur peut obtenir un sauf-conduit pour témoigner en justice. Il sera délivré par le président du tribunal ou par le juge qui doit recevoir le témoignage.

Les juges de commerce ni le juge de paix ne pourraient délivrer de sauf-conduit; cela résulte suffisamment des expressions de l'art. 782 et de la nécessité des conclusions du ministère public qu'il exige.

Il est rédigé un procès-verbal d'arrestation, dont les formes sont tracées par l'art. 783.

En cas de contestation de la part du débiteur, il en est référé devant le président du tribunal du lieu (art. 786-788).

Un second procès-verbal, appelé procès-verbal d'écrou, est rédigé à l'arrivée au lieu de l'emprisonnement (art. 789).

Le débiteur incarcéré peut être recommandé, c'est-à-dire qu'un créancier autre que l'incarcérateur peut faire opposition à son élargissement, dans tous les cas où il pourrait lui-même exercer la contrainte par corps (art. 792). Les formalités sont les mêmes que pour l'emprisonnement, sauf la dispense de recors (art. 793). Si le débiteur fait prononcer la nullité de l'emprisonnement, il n'en résultera pas nullité des recommandations (art. 796).

SECTION VIII.

DE L'ÉLARGISSEMENT DU DÉBITEUR.

Les causes d'élargissement, comme celles de la contrainte elle-même, doivent être interprétées restrictivement et n'être admises que d'après les dispositions expresses de la loi. L'art. 780 énumère ainsi cinq cas d'élargissement : 1° le consentement du créancier qui a fait incarcérer et des recommandants, s'il y en a ; 2° le payement ou la consignation des sommes dues tant au créancier qui a fait emprisonner qu'aux recommandants, des intérêts échus, des frais liquidés, de ceux d'emprisonnement et de la restitution des aliments consignés; 3° le bénéfice de cession, pour les créanciers qui peuvent y être admis ; 4° le défaut de consignation d'aliments par les créanciers; 5° l'âge de soizante-dix ans, si le débiteur n'est pas stellionataire.

POSITIONS.

1. — Le dépositaire infidèle est contraignable par corps.

2. — L'aliénation d'un immeuble sur lequel on sait n'avoir qu'un droit de propriété soumis à une condition résolutoire ne constitue pas un stellionat.

3. — L'aliénation d'un droit d'usufruit sur un immeuble dont on sait n'être pas propriétaire, est un stellionat.

4. — Les cautions judiciaires ne sont contraignables par corps qu'autant qu'elles s'y sont expressément soumises.

5. — La contrainte par corps peut être prononcée contre les majeurs même pour dettes contractées pendant leur minorité.

6. — La clause pénale stipulée comme dommages-intérêts ne donne pas lieu à la contrainte par corps.

7. — L'étranger ne peut être contraint par corps par un créancier étranger, ni même par un Français cessionnaire des droits de ce dernier.

8. — Le tribunal civil statuant sur les dommages-intérêts dus pour un crime ou un délit ne peut prononcer la contrainte par corps au-dessous de 300 fr.

Vu par le président de la thèse,
Paris, le 7 juillet 1852.
DURANTON.

Vu par le doyen,
Paris, le 8 juillet 1852.
C. A. PELLAT.

Paris — Imprimé par E. Thunot et Cⁱᵉ, rue Racine, 26.

www.ingramcontent.com/pod-product-compliance
Lightning Source LLC
Chambersburg PA
CBHW060511050426
42451CB00009B/930